Côte à Côte

Une explication concise de l'égalité bibliqueblia

JANET GEORGE

Traduit par: Jean Ohannes Antoine Isquenderian

CBE International
cbeinternational.org

This resource provided in 2016 by **PUBLISH4ALL**
info@publish4all.com

Tous les versets mentionnés dans cette œuvre sont extraits de la Bible de Jérusalem – Imprimatur 1951

Titre de l'œuvre originale: *Still Side by Side: A Concise Explanation of Biblical Equality*
Copyright CBE International © 2015
Traduit par: Jean Ohannes Antoine Isquenderian
Publié par: CBE International
122 W Franklin Ave, Suite 610
Minneapolis, MN 55404-2426
www.cbeinternational.org

Première Edition publiée aux Etats-Unis d'Amérique sous le titre: *Still Side by Side: A Concise Explanation of Biblical Equality*
Copyright CBE International © 2009

ISBN 978-1-939971-35-7 (Print)

Image de couverture: Grainstack (Sunset) 1891 par Claude Monet

Still Side by Side: A Concise Explanation of Biblical Equality is available in the following languages: Amharic, Arabic, Chinese, English, Finnish, French, German, Haitian Kreyol, Hindi, Khmer, Korean, Luganda, Nepali, Portuguese, Russian, Shona, Spanish, Swahili, Tamil, Urdu, Xhosa, and Zulu.

For permission to translate, send inquiry to:
CBE International, 122 W Franklin Ave, Suite 610, Minneapolis, MN 55404-2426 or cbe@cbeinternational.org

Table des Matières

Préambule

Durant mes études au collège, on m'avait demandé d'animer un atelier de travail pour une retraite de fin de semaine à l'intention des collégiens. Le premier à m'en décourager a été mon copain en me disant que, selon la Bible, les femmes ne devaient pas enseigner aux hommes. C'est donc par respect pour les Écritures Saintes que j'ai décidé de décliner l'offre. Toutefois, j'ai décidé de participer à cet atelier en tant que stagiaire et je dois avouer que j'ai découvert que mon remplaçant était une personne vraiment formidable, bien que loin d'être un enseignant accompli. Je me souviens m'y être mise à y penser longtemps en me disant: «Pour sûr, il y a quelque chose de faux dans tout ça!» Quant à mon copain? Eh bien, je l'ai épousé! Et voici le reste de l'histoire:

C'était en 1978 que Matt et moi nous sommes lancés dans ce mariage, fermement convaincus des enseignements de la Bible qui nous disaient qu'on devait respecter la hiérarchie dans nos foyers et églises. Pour nous, cela se traduisait, tout simplement, en admettant que les hommes étaient *ipso facto* les leaders et les décideurs dans nos ménages. Loin d'insinuer que Dieu favoriserait les hommes et défavoriserait les femmes, on traduisait cela dans le sens qu'hommes et femmes avaient chacun son rôle spécifique à jouer au sein de la famille. Cependant, une réalité bien amère s'imposa au fil des années: un conflit entre les enseignements de la Bible et l'expérience du quotidien que nous vivions naquit dans notre foyer!

Et ce n'était pas tout: au fil des jours, nous avons commencé à découvrir des réalités bien différentes et une richesse sans fin dans les différents enseignements bibliques. Depuis toujours, les égalitaires prônent l'égalité fondamentale entre les croyants que la Bible enseigne avec tant de ferveur. Libre à eux, cependant, de mettre au mieux en pratique cette grâce que le Seigneur leur accorde au sein de leurs foyers, leurs églises et la société. Et j'en vins à découvrir que les fonctions des ministres de Dieu étaient entièrement basées sur leurs talents et leurs aptitudes, et nullement sur leur genre. Par la suite, mon foyer devint progressivement un lieu de soumission mutuelle, d'encouragement et de leadership.

Et nous ne cessions pas de vivre des situations dans lesquelles hommes et femmes sont limités par leur vision hiérarchique. Il y a quelques jours, j'étais dans une librairie chrétienne qui était remplie de livres chrétiens. A mon grand étonnement, la section dédiée aux livres de femmes était uniquement fournie de livres qui parlaient de chocolat, d'exercices, de sport et de décoration. Par contre, la section des livres destinés aux hommes était fournie de livres sur le leadership, les finances et l'actualité. Quel message est-on en train de communiquer à nos fils et à nos filles? Pour comble, quelques jours plus tard, nous étions – Matt et moi – à des noces où l'on disait que la soumission signifiait que la femme devait faire tout ce que son mari lui ordonnait, même si celui-ci était dans l'erreur. Et nous connaissons un couple missionnaire qui vient de perdre son allocation tout simplement parce que les deux membres du couple étaient occupés à enseigner!

Le saviez-vous . . .

- Paul n'utilise pas l'expression «chef du foyer» dans la Bible.
- Les Saintes Écritures nous demandent d'être mutuellement soumis l'un à l'autre, et non seulement les femmes aux hommes.
- L'expression «aide» qu'utilise la Genèse pour décrire la femme est également utilisée pour décrire Dieu lui-même.

Cherchons donc la Vérité pour parvenir à servir Notre Seigneur Jésus-Christ côte à côte!

La Création

Puis Dieu dit: *Faisons l'homme à notre image*, selon notre ressemblance, *et qu'il domine* sur les poissons de la mer, sur les oiseaux du ciel, sur le bétail, sur toute la terre, et sur tous les reptiles qui rampent sur la terre. Dieu créa l'homme à son image, il le créa à l'image de Dieu, il créa l'homme et la femme. Et Dieu les bénit et Dieu leur dit: «*Soyez féconds, multipliez-vous*, remplissez la terre, et l'assujettissez; et *dominez* sur les poissons de la mer, sur les oiseaux du ciel, et sur tout animal qui se meut sur la terre.» (Genèse, 1: 26-28, *italiques* d'appoint).

S

Selon la Bible, la femme fut créée pour être la compagne et l'aide de l'homme, son époux. L'homme ne fut-il pas également créé comme aventurier et leader?

J

L'homme et la femme furent créés pour être des partenaires égaux et équitables, portant la responsabilité à deux dans le Royaume de Dieu.

Il y a donc deux structures d'autorité là: L'autorité de Dieu sur la création entière et l'autorité conjointe de l'homme et de la femme sur la Terre et les créatures. D'emblée, il n'est fait aucune mention que l'homme aurait une autorité quelconque sur la femme. Ensemble, ils auraient des enfants et les élèveraient et domineraient la terre – et c'est là l'aventure!

Le Seigneur Dieu dit: Il n'est pas bon que l'homme soit seul; je lui ferai une *aide semblable* à lui. (Genèse 2: 18; *italiques* d'appoint).

C'est là où l'expression «aide» ou «ezer» a été si souvent interprété pour signifier que la femme a été créée pour servir l'homme et lui être subordonnée. Linda Belleville explique: «Toutes les dix-neuf instances où l'expression ezer a été mentionnée dans l'Ancien Testament ont trait à l'assistance qu'une personne suffisamment forte peut offrir à quelqu'un en besoin, à savoir l'aide de Dieu, d'un roi, d'un allié ou d'une armée. En sus, quinze des dix-neuf instances parlent d'une aide que Dieu seul peut pourvoir.» [1] En voici un exemple:

«Je lève mes yeux vers les montagnes... D'où me viendra le secours? Le secours me vient de l'Éternel, qui a fait les cieux et la terre.» (Ps 121: 1-2)

Ainsi, l'expression «semblable» ou «knegdo» signifie face à face, égal à – ou correspondant à – et c'est justement là qu'on parle d'une partenaire qui correspond en tout à lui! C'est une femme qui a été créée avec tous les atouts nécessaires pour être aux côtés d'Adam et l'aider à accomplir la mission que Dieu leur avait confiée. Dieu a donc créé l'homme et la femme en partenaires égaux, œuvrant côte à côte.

On le dit souvent: «Le pouvoir corrompt; le pouvoir absolu tend à corrompre... absolument». Qu'il est risqué, dans cette optique, de mettre une seule personne (l'homme) dans une position de commandement qu'il n'a pas acquise par mérite ou qu'il ne détient pas en pleine conscience de ses responsabilités. Dieu le savait bien au départ – et c'est pourquoi Dieu a établi la relation entre l'homme et la femme sur la base d'un partenariat et non d'une la hiérarchie. Dieu a conçu une relation entre époux basée sur une responsabilité mutuelle partagée à part égale entre eux. En départir et y imposer une hiérarchie de pouvoir et d'autorité entraînerait des abus verbaux et physiques. Maintenons et respectons le concept d'origine, tel qu'il a été conçu!

La Chute

Il dit à la femme: J'augmenterai *la souffrance de tes grossesses*, tu enfanteras avec douleur, et tes désirs se porteront vers ton mari, mais *il dominera sur toi*" Il dit à l'homme: Puisque tu as écouté la voix de ta femme, et que tu as mangé de l'arbre au sujet duquel je t'avais donné cet ordre: Tu n'en mangeras point! Le sol sera maudit à cause de toi. C'est à force de peine que tu en tireras ta nourriture tous les jours de ta vie, il te produira des épines et des ronces, et tu mangeras de l'herbe des champs. C'est à la sueur de ton visage que tu mangeras du pain, jusqu'à ce que tu retournes dans la terre, d'où tu as été pris; car tu es poussière, et tu retourneras dans la poussière. (Genèse 3: 16-19a – *italiques* d'appoint)

S Dans nombre de cultures, l'homme est le caractère dominant. Est-ce de la sorte que Dieu a créé l'homme?

J La domination de l'homme est l'une des malédictions de la Chute, un élément qui devrait être surmonté et non étreint.

Tant l'homme que la femme participèrent à la Chute. Leur choix du péché a entraîné les conséquences suivantes: un environnement adverse, l'enfantement dans la douleur et la domination du mâle. Ce ne sont certainement pas les directives qui devraient guider nos vies, mais bien les effets du péché malin qui est désormais entré dans le monde. Un mari qui domine sa femme, comme des chardons dans un champ, serait quelque chose à surmonter et non à embrasser! Belleville l'explique: «La volonté divine était celle d'un partenariat – une domination à deux de la terre entière, une responsabilité partagée d'avoir et d'élever leurs enfants, un devoir engageant le couple à labourer la terre. La domination de l'un sur l'autre n'était nullement l'intention ... [c'était] un dysfonctionnement relationnel qui était le résultat de la désobéissance à Dieu.» [2] Nous devons toujours servir côte à côte.

Uns dans le Christ

Il n'y a plus ni Juif ni Grec, il n'y a plus ni esclave ni libre, il n'y a plus ni homme ni femme; car tous vous êtes un en Jésus-Christ. (Galates, 3: 28).

S — Dieu aime et valorise chacun d'entre nous. L'homme et la femme n'auraient-il pas tout simplement des rôles différents?

J — Les rôles devraient être basés sur les talents, les capacités et l'expérience et non sur le genre.

Certains prétendent que ce verset décrit l'homme et la femme comme étant aimés, valorisés et sauvés d'une manière égalitaire (égaux dans leur être), mais ayant différentes fonctions (inégaux dans leurs rôles).

Il existe des exemples de subordination des rôles, tels que ceux du professeur/étudiant ou celui de l'employeur/employé. L'étudiant est subordonné en classe à cause des capacités du professeur, mais ce n'est qu'une situation temporaire. Si le professeur travaillait dans un restaurant dont l'étudiant était le propriétaire, les rôles seraient inversés. Les rôles changent constamment, suivant les situations et les qualifications.

Rebecca Merrill Groothuis a indiqué que la subordination féminine n'était nullement basée sur les capacités, mais bien sur le fait d'être femme. Et ce n'est là aucune situation temporaire – elle ne pourra jamais s'en débarrasser. Nous passons là d'une inégalité des rôles à une inégalité de l'être. Il serait illogique de dire qu'une femme, quelle que soient ses capacités, doive être constamment sous l'autorité de l'homme dans toutes les situations et qu'elle serait, en même temps, valorisée d'une manière égalitaire. [3] Il est à noter que ce verset ne parle pas simplement de l'homme et de la femme. Imaginons que nous disions que les rôles devraient être définis par la race ou la classe!

Paul ne dit pas que nous soyons identiques et, d'une manière ou d'une autre, «uni-sexes». Ce verset déclare que la race, la classe et le genre n'ont aucune place dans l'œuvre du Christ et que nous sommes tous égaux. Plusieurs versets du Nouveau Testament confirment d'ailleurs que tous les croyants sont égaux dans leurs êtres et leurs fonctions (Jean 17: 20-23, Romains 12: 4-5, 1 Corinthiens 12: 12-14, Éphésiens 4: 4-8, 11-13).

L'Église doit façonner l'unité dans un monde brisé. Tout mot, attitude ou politique qui tenterait d'insinuer que les femmes sont «moindres» que les hommes quelle qu'en soit la manière, réduirait notre exemple de l'amour inclusif de Dieu.

S Il faut qu'il y ait une personne en charge pour prendre les décisions. Ne serait-il pas naturel que ce soit l'homme?

J Pour assumer la responsabilité et tirer profit des connaissances et de l'expérience acquise, la prise de décision doit être partagée.

Toutefois, dans le Seigneur, la femme n'est point sans l'homme, ni l'homme sans la femme. 12 Car, de même que la femme a été tirée de l'homme, de même l'homme existe par la femme, et tout vient de Dieu. (1 Corinthiens 11: 11-12)

Dans la société contemporaine, femmes et hommes sont parfaitement capables et équipés pour prendre des décisions raisonnables. Refuser à une femme intelligente le droit d'utiliser ses capacités de raisonnement la diminuerait à elle et à tous ceux qui l'entourent. La volonté de Dieu est tout à fait celle du début: une autorité mutuelle et des décisions prises en commun avec l'aAutre. Nous devons servir côte à côte.

Il y aura inévitablement des moments où les discussions parviendront à une impasse. Gilbert Bilezikian propose quelques moyens pour résoudre le conflit naissant de décisions non-partagées (les moyens suggérés ne doivent pas obligatoirement suivre le même ordre):

1. Chercher conseil auprès du Seigneur Dieu.
2. Essayez de vous soumettre l'un à l'autre ... tentez d'écouter l'autre, de le respecter, de faire preuve d'empathie envers lui (ou elle!)
3. Mettez en œuvre vos talents spirituels individuels, les talents naturels et votre expertise dans le domaine en question.
4. Faites des compromis.
5. Cherchez conseil auprès des personnes de confiance et celles qui ont de l'expérience en la matière.
6. Définissez les principes bibliques.
7. Identifiez les avantages et les inconvénients.
8. Prenez en considération que la personne en grief et qui est plus en cause devrait avoir une plus forte voix au chapitre et dans la décision à prendre. [4].

S Dans l'Ancien Testament, seuls les hommes étaient sacrés prêtres. L'homme ne serait-il pas, par conséquent, le «prêtre» ou le chef spirituel du foyer?

J Chacun a accès au même niveau de responsabilité envers Dieu et détient une part égale de responsabilité.

Vous, au contraire, vous êtes une race élue, *un sacerdoce royal*, une nation sainte, un peuple acquis, afin que vous annonciez les vertus de celui qui vous a appelés des ténèbres à son admirable lumière. (1 Pierre 2: 9, *italique* d'appoint)

Rien n'est mentionné dans les Écritures indiquant que l'homme serait le «prêtre» du foyer. Rien de plus clair que ce qui est dit – En Christ, nous avons un accès et des responsabilités égales devant Dieu! John Phelan le déclare encore plus clairement: «Le Voile du Temple se déchire en deux et, dès lors, tous les hommes ont accès à Dieu. Tous les enfants de Dieu sont désormais des prêtres. Tous les enfants de Dieu sont sacrés. Tous les enfants de Dieu possèdent l'Esprit-Saint.» [5].

S	Puisque Dieu est notre Père et Jésus était un homme, les hommes ne devraient-ils pas être les leaders spirituels?
J	Dieu n'est pas masculin, Il est Esprit. Son image est reflétée également par les hommes et les femmes.

Le terme de «Père» est l'une des multiples métaphores utilisées pour s'adresser à Dieu. Il décrit celui qui, ce jour-là, nous a accordé l'héritage et la protection. Dieu n'est pas un «mâle». Dieu est esprit (Jean 4: 24). L'homme et la femme ont été créés à l'image de Dieu et reflètent Dieu d'une manière égale. Mimi Haddad le dit: «Si nous persistons à dire que Dieu est mâle, ce serait de l'idolâtrie, et nous aurions alors façonné Dieu à notre image, ce qui est parfaitement contraire aux Écritures.» [6].

Jésus est venu sur Terre comme un homme tout simplement parce qu'il lui fallait prêcher dans les synagogues interdites aux femmes en ce temps-là. Le Christ est notre Sauveur en tant que Dieu mis en chair – non en tant qu'homme.

Et si quelqu'un est plus fort qu'un seul, les deux peuvent lui résister; et la corde à trois fils ne se rompt pas facilement. (Ecclésiaste 4: 12)

En affaiblissant un fil, on ne renforce pas la corde. Une relation réellement saine entre époux est celle dans laquelle on pratique le respect mutuel. S'il est parfaitement convenu entre époux que le partage des responsabilités et des décisions œuvre pour le mieux au sein d'un foyer, cela ne peut que redoubler de bienfaits pour leurs enfants. Encourager les parents à chercher instamment la volonté de Dieu au sein de leurs vies ne signifie pas qu'ils devraient moins chérir leurs enfants ou que ceux-ci seraient une priorité moindre dans la famille. Bien au contraire, ce serait un bon exemple d'avoir des parents qui se soutiendraient volontiers l'un l'autre et leurs vocations respectives, que ce soit dans ou hors du foyer ou les deux cas ensemble.

Le troisième fil est le Christ Jésus, Seigneur du foyer. L, là où le Christ est honoré et où tout le monde est respecté et l'amour abonde.

Souvenons-nous, toutefois, que dans bien de circonstances, le foyer serait en manque du père ou de la mère qui sonteraient absents pour une quelconque raison. Dans de telles circonstances, il serait difficile d'imposer des rôles stéréotypées au parent devenu célibataire. Ces foyers retrouvent leur force dans la compréhension et l'assistance de tous les autres membres du Corps du Christ.

Jésus et les femmes

Il en établit douze, pour les avoir avec lui, et pour les envoyer prêcher avec le pouvoir de chasser les démons. (Marc 3: 14-15).

S	Pourquoi Jésus n'a-t-il pas choisi des femmes parmi ses disciples?
J	Il lui fallait choisir des Juifs mâles pour qu'ils puissent être à même d'accomplir leur mission en ces temps-là. Aujourd'hui, nous sommes tous et toutes appelés pour accomplir la Grande Mission.

Au tour de Richard et de Catherine Kroeger d'expliquer: «Jésus avait, en effet, un groupe de femmes qui l'accompagnaient et qui faisaient leur ministère au cours de sa mission prédicatrice. Mais, il aurait été impossible de les envoyer toutes seules en mission d'évangélisation et de guérison. Les savants du Talmud avaient l'interdiction de s'adresser à une femme en public, fût-elle même leur propre femme. Ni ne leur était-il permis de discuter des choses saintes de Dieu avec une femme sous peine d'être accusés d'incitation au péché ... Le Christ était parfaitement conscient que la conversion devait survenir avant que ces attitudes ne changent.» [7]

Il faudrait aussi noter qu'il n'y avait aucun Gentil parmi les disciples. Ainsi, si les disciples étaient considérés comme étant le modèle du chef de l'Église, tous les non-Juifs auraient été disqualifiés.

S   Le ministère de Jésus comprenait-il des femmes?

J   Un élément jugé radical était le respect que Jésus portait aux femmes et leur part dans son ministère!

Une Femme Disciple

Ensuite, Jésus allait de ville en ville et de village en village, prêchant et annonçant la bonne nouvelle du royaume de Dieu. Les douze étaient avec lui *et quelques femmes* qui avaient été guéries d'esprits malins et de maladies: Marie, dite de Magdala, de laquelle étaient sortis sept démons, Jeanne, femme de Chuza, intendant d'Hérode, Susanne, et plusieurs autres, qui l'assistaient de leurs biens. (Luc 8: 1-3, *italique* d'appoint)

Les femmes n'étaient même pas comptées dans les rassemblements publics, mais Jésus appréciait leur assistance et leurs aides financières.

Jésus enseigne aux femmes

Comme Jésus était en chemin avec ses disciples, il entra dans un village, et une femme, nommée Marthe, le reçut dans sa maison. Elle avait une sœur, nommée Marie, qui, s'étant assise aux pieds du Seigneur, écoutait sa parole. Marthe, occupée à divers soins domestiques, survint et dit: Seigneur, cela ne te fait-il rien que ma sœur me laisse seule pour servir? Dis-lui donc de m'aider. Le Seigneur lui répondit: Marthe, Marthe, tu t'inquiètes et tu t'agites pour beaucoup de choses. Une seule chose est nécessaire. Marie a choisi la bonne part, qui ne lui sera point ôtée. (Luc 10: 38-42)

Les femmes étaient privées de toute forme d'éducation au temps de Jésus. Cependant, lorsque Marie assuma la position de disciple aux pieds de Jésus, il défendit avec véhémence son droit à apprendre. Notez bien ce que Jésus dit au sujet du choix qu'elle fit: «Marie a choisi la bonne part, qui ne lui sera point ôtée», bien que beaucoup d'autres aient tentés de faire de même.

Une femme évangéliste

Là-dessus arrivèrent ses disciples, qui furent étonnés de ce qu'il parlait avec une femme. Toutefois aucun ne dit: Que demandes-tu? Ou: De quoi parles-tu avec elle? Alors la femme, ayant laissé sa cruche, s'en alla dans la ville, et dit aux gens: Venez voir un homme qui m'a dit tout ce que j'ai fait; ne serait-ce point le Christ? Ils sortirent de la ville, et ils vinrent vers lui. Plusieurs Samaritains de cette ville crurent en Jésus à cause de cette déclaration formelle de la femme: Il m'a dit tout ce que j'ai fait. (Jean 4: 27-30 – 39)

On évitait les femmes en public car on les considérait des tentations au péché, mais Jésus choqua ses disciples en initiant une conversation avec une femme sans respect auprès du puit. Cette conversation est la plus longue conversation privée que Jésus ait entreprise et qui soit enregistrée dans l'Évangile. Il l'encouragea ensuite à devenir missionnaire dans sa ville. Grâce à son témoignage, beaucoup vinrent à Jésus et crurent en Lui.

Jésus établit des priorités

Tandis que Jésus parlait ainsi, une femme, élevant la voix du milieu de la foule, lui dit: Heureux le sein qui t'a porté! Heureuses les mamelles qui t'ont allaité! Et il répondit: Heureux plutôt ceux qui écoutent la parole de Dieu, et qui la gardent! (Luc 11: 27-28)

En ce temps-là, on considérait que les femmes n'avaient pour rôle que d'être des mères porteuses d'enfants, mais Jésus déclarait qu'il était bien plus important d'être un disciple.

Les femmes apprennent aux disciples la Résurrection

Elles s'éloignèrent promptement du sépulcre, avec crainte et avec une grande joie, et elles coururent porter la nouvelle aux disciples. Et voici, Jésus vint à leur rencontre, et dit: Je vous salue. Elles s'approchèrent pour saisir ses pieds, et elles se prosternèrent devant lui. Alors Jésus leur dit: Ne craignez pas; allez dire à mes frères de se rendre en Galilée: c'est là qu'ils me verront. (Matthieu 28: 8-10)

Le témoignage d'une femme n'était pas valide dans un tribunal, mais Jésus choisit deux femmes pour être témoins et pour annoncer sa résurrection.

Jésus n'a jamais enseigné la subordination de la femme. En fait, il est venu pour nous remettre sur le droit chemin, annuler les effets de la Chute et son attitude envers les femmes en témoignent. Jésus a racheté la femme du péché et du préjudice et l'a libérée!

Dons spirituels

[...] Mais c'est ce qui a été dit par le prophète Joël: Il arrivera dans les derniers jours, dit Dieu, que je répandrai de mon Esprit sur toute chair, et vos fils et *vos filles prophétiseront*, et vos jeunes gens auront des visions, et vos vieillards auront des songes. Oui, en ces jours-là, je répandrai de mon Esprit sur *mes serviteurs et sur mes servantes*, et ils prophétiseront. (Actes 2: 16-18 – *italiques* d'appoint)

Or, *à chacun* la manifestation de l'Esprit est donnée pour l'utilité commune. Un seul et même Esprit opère toutes ces choses, les distribuant à chacun en particulier comme il veut. (1 Corinthiens 12: 7, 11 – *italiques* d'appoint)

Puisque nous avons des dons différents, selon la grâce qui nous a été accordée, que celui qui a le don de prophétie l'exerce selon l'analogie de la foi; que celui qui est appelé au ministère s'attache à son ministère; que celui qui enseigne s'attache à son enseignement, et celui qui exhorte à l'exhortation. Que celui qui donne le fasse avec libéralité; que celui qui préside le fasse avec zèle; que celui qui pratique la miséricorde le fasse avec joie. (Romains, 12: 6-8)

Comme de *bons dispensateurs* des diverses grâces de Dieu, que chacun de vous mette au service des autres le don qu'il a reçu. (1 Pierre, 4: 10 – *italiques* d'appoint)

S	Dieu a accordé des dons spirituels aux croyants. N'y aurait-il pas de différence entre ceux accordés à l'homme et ceux accordés à la femme?
J	Dieu accorde les dons spirituels à chacun selon ses besoins. Les dons ne sont jamais départagés selon le genre.

Là où le Nouveau Testament parle de dons, il n'est jamais fait d'allusion aux différences de genre, même pour les dons qui ont trait à l'autorité. L'œuvre de l'Évangile est sérieusement handicapée lorsque la moitié de la population est limitée dans son service et dans l'usage libre de ses dons.

Jésus nous l'a dit dans l'Évangile selon Saint Matthieu: «Alors il dit à ses disciples: La moisson est grande, mais il y a peu d'ouvriers. Priez donc le maître de la moisson d'envoyer des ouvriers dans sa moisson.» (Mat. 9: 37-38) Qui donc voudrait empêcher les hommes de Dieu de travailler?

En 2004, lors de la réunion du Comité de Lausanne pour le Forum de l'Évangélisation du Monde en Thaïlande, 1530 participants provenant de 130 pays se sont réunis pour discuter du meilleur moyen de dynamiser «l'Église entière pour qu'elle annonce l'Évangile au monde entier». L'une des déclarations annonçait: «Nous affirmons la prêtrise de tous les croyants et nous lan¬çons un appel à l'Église pour équiper, encourager et renforcer les femmes, les hommes et les jeunes de sorte à leur permettre de répondre à l'appel d'être témoins et collaborateurs de la tâche qui nous est assignée à tous – l'évangélisation.» [8]

Au tour de Gilbert Bilizekian de faire le point: «Notre-Seigneur décrit d'une manière effarante l'horrible sort des servants qui enfouissent leurs talents au lieu de les mettre à profit du ministère du Royaume de Dieu (Mat. 25: 30). On ne peut que frémir à l'idée qu'une récompense encore plus terrible: celle des chefs d'église qui prennent la charge de forcer les croyants sous leur égide d'enterrer les dons que Dieu leur pourvoit, au lieu de les pousser à utiliser chaque ressource disponible pour mieux servir les besoins du Royaume.» [9]

Les femmes dans la Bible

S Les premiers leaders de l'Église, n'étaient-ils pas tous des hommes?

J Etant donné le contexte social de l'époque, il y a un nombre étonnant de femmes leaders mentionnées dans le Nouveau Testament.

Les Écritures mentionnent plusieurs femmes en position dirigeante dans l'Église. Elles sont moins fréquemment mentionnées que les hommes à cause de la culture dominante de ces temps-là. Toutefois, s'il avait été faux pour les femmes de prendre les commandes ou d'enseigner au sein de l'Église, elles n'auraient jamais occupé de tels postes ou prisées par les Écritures.

- Anne (Luc 2: 36-38) et les quatre filles de Philippe (Actes, 21: 8-9) étaient des prophétesses.
- Quand Priscille et Aquilas l'eurent entendu, ils le prirent avec eux et lui expliquèrent plus précisément la voie de Dieu. (Actes 18: 24-26) [...] Aquilas et Priscille, avec l'Église qui est dans leur maison, (1 Corinthiens, 16: 19) [...] mes compagnons d'œuvre en Jésus Christ, (Romains, 16: 3)
- Pheobe était une diaconesse et une bienfaitrice de Paul (Romains 16: 1-2)
- Lydia réunissait les croyants dans son foyer et accueillait Paul et Silas (Actes 16: 13-15, 40)
- Junia était une apôtre (Romains, 16: 7)
- Evodie et Syntyche (elles qui ont combattu pour l'Évangile avec moi) étaient compagnes d'œuvre de Paul (Philippiens, 4: 2-3)

Silence

«En est-il qui parlent en langue, que deux ou trois au plus parlent, chacun à son tour, et que quelqu'un interprète; s'il n'y a point d'interprète, qu'on se taise dans l'Église, et qu'on parle à soi-même et à Dieu. Pour ce qui est des prophètes, que deux ou trois parlent, et que les autres jugent; et si un autre qui est assis a une révélation, que le premier se taise. Comme dans toutes les Églises des saints, que les femmes se taisent dans les assemblées, car il ne leur est pas permis d'y parler; mais qu'elles soient soumises, selon que le dit aussi la loi. Si elles veulent s'instruire sur quelque chose, qu'elles interrogent leurs maris à la maison; car il est malséant à une femme de parler dans l'Église. (1 Corinthiens 14: 26-30, 33-35)

S   N'est-il pas dit dans la Bible que les femmes ne devraient pas parler dans l'Église?

J   Le verset en question de l'Épitre aux Corinthiens s'adresse au protocole qui imposait le silence aux femmes dans les assemblées de ces temps-là. Il n'y a là rien à avoir avec les droits propriétaires et les capacités des femmes d'aujourd'hui.

En ce 21ième siècle, il n'est plus disgracieux pour une femme de parler dans une église. En fait, plusieurs personnes sont affaiblies dans leur foi parce qu'elles voient le christianisme comme une religion masculine dominée par les hommes.

Le principe mentionné dans ce passage de l'Épitre aux Corinthiens est celui du respect de l'ordre durant les offices. Il est à noter d'ailleurs que les femmes ne sont pas les seules requises de maintenir le silence. Dans le même passage, il est mentionné que ceux qui parlent plusieurs langues doivent garder le silence en l'absence d'un interprète. De même, si un prophète est en train de prophétiser et qu'une révélation survient à un autre, le premier doit cesser de parler. L'office est donc de rigueur et ordonné parce que Dieu est un dieu de paix.

Craig Keener écrit à ce propos: «L'ancien protocole de la Méditerranée désapprouverait qu'une femme honorable s'adresse à des hommes non apparentés. Les femmes étaient, en général, moins éduquées que les hommes – un point que nul personne versée dans la littérature ancienne ne pourrait contester. Paul évite l'indiscrétion sociale en conseillant aux femmes d'éviter de poser des questions aux hommes dans l'assemblée, mais n'est nullement opposé à ce qu'elles apprennent davantage. Avec plus de compréhension, elles pourraient éventuellement être plus capables de s'articuler intellectuellement dans les mêmes assemblées où elles pouvaient prier et prophétiser. Dans cette optique, les véritables problèmes sont non le genre, mais l'éducation et le décorum, ni l'un ni l'autre n'imposant une restriction au droit des femmes à parler dans l'église aujourd'hui.» [10]

De même, si Paul avait réellement signifié qu'il voulait imposer le silence total aux femmes dans l'assemblée, il ne leur aurait pas donné des instructions pour qu'elles se couvrent la tête durant les prières ou de prophétiser dans l'église trois chapitres plus tôt (1 Corinthiens, 11: 5).

Autorité et Instruction

Que la femme écoute l'instruction en silence, avec une entière soumission. Je ne permets pas à la femme d'enseigner, ni de prendre de l'autorité sur l'homme; mais elle doit demeurer dans le silence. Car Adam a été formé le premier, Ève ensuite; et ce n'est pas Adam qui a été séduit, c'est la femme qui, séduite, s'est rendue coupable de transgression. Elle sera néanmoins sauvée en devenant mère, si elle persévère avec modestie dans la foi, dans la charité, et dans la sainteté. (1 Timothée 2: 11-15 – *italiques* d'appoint)

Le principe appliqué ici est celui de la lutte contre les faux enseignements. Le point indiqué est expressément mentionné par Paul dans son Épitre à Timothée.

Je te rappelle l'exhortation que je te fis, à mon départ pour la Macédoine, lorsque je t'engageai à rester à Ephèse, afin de recommander à certaines personnes de ne pas enseigner d'autres doctrines (1 Timothée, 1: 3).

Paul rajoute en mentionnant que les femmes étaient la cible privilégiée des faux enseignants:

Il en est parmi eux qui s'introduisent dans les maisons, et qui captivent des femmes d'un esprit faible et borné [...] (2 Timothée, 3: 6)

S Quand la Bible indique que les femmes ne devraient pas enseigner ou avoir une autorité sur les hommes, cela signifierait-il que les femmes ne peuvent pas être institutrices ou pasteures?

J Le verset en question limitant l'autorité des femmes à Éphèse s'applique de la même façon de nos jours lorsque nous disons que des personnes mal instruites ne peuvent pas lutter contre les faux enseignements.

«Que la femme écoute l'instruction»

Bien que les premiers mots soient parmi les plus dramatiques et les plus radicaux du verset, ils sont souvent négligés. Paul a dit que les femmes devaient s'instruire. Il pensait que le meilleur moyen pour lutter contre les faux enseignements était l'instruction. Et que les femmes devraient s'instruire suivant les méthodes des élèves rabbiniques: dans le calme et avec un profond respect pour leur professeur.

«Je ne permets pas à une femme d'enseigner»

Paul voulait certainement dire par là que les femmes ne pouvaient instruire qu'après avoir été proprement formées, puisqu'il fait déjà les éloges de Priscille et de ses capacités d'enseignement (Actes, 18: 24-26 – Romains, 16: 3-5). A noter également qu'elle enseignait avec son époux – Aquila – à Éphèse, l'Eglise à laquelle l'Épitre contenant ce passage était destinée.

«Ou avoir une autorité sur l'homme»

Rebbeca Merril Groothus déclare: «Le mot du verset 12 est traduit comme 'autorité' (authentein) et n'est pas celui utilisé par ailleurs dans le Nouveau Testament pour dénoter l'usage positif ou légitime de l'autorité (exousia). De fait, ce mot ne se retrouve nulle part ailleurs dans le Nouveau Testament. De plus, ce mot comporte une variété de significations dans l'Ancien Grec en usage en ce temps-là, dont plusieurs revêtent des sens bien plus forts que l'autorité, allant jusqu'à dénoter la violence.» [11]

Paul a clairement interdit toute attitude agressive ou autoritaire qui serait susceptible d'être considérée inappropriée pour un croyant.

«En silence»

Les femmes doivent être instruites en silence et ne doivent pas interrompre ou perturber l'instruction, tel qu'était la règle qui s'appliquait aux étudiants rabbiniques.

«Adam a été créé en premier»

Dans la Genèse, Dieu avait donné à Adam – avant qu'Ève ne fut créée – l'ordre lui défendant de manger de «l'Arbre de la Connaissance du Bien et du Mal». Ceci dit, Ève n'avait pas reçu d'instructions à cet effet de Dieu. Rebecca Merrill Groothuis explique ceci en détail: «Le point pertinent ici est que, pour éviter toute déception ou grave erreur, ceux qui ne sont pas instruits de la Parole de Dieu (telles qu'Ève ou les femmes d'Éphèse) devraient avoir recours à l'expertise de ceux qui sont plus instruits (tels qu'Adam et les chefs mâles de l'Église d'Éphèse).» [12]

«Sauvée en devenant mère»

C'est une partie difficile à comprendre, mais il n'y a là qu'une seule explication: le Temple d'Artémis à Éphèse était l'une des Sept Merveilles du Monde Ancien. Le temple était énorme et comprenait la Salle du Trésor qui était gardée par 400 gardes. Artémis était une déesse vénérée en tant que déesse de la fertilité et on prétendait qu'elle aidait les femmes d'une manière toute particulière au moment de l'accouchement. Paul fait allusion à cette pratique en suggérant que les femmes n'ont désormais plus besoin de se tourner vers Artémis pour se sentir en sécurité au moment de l'accouchement. Elles devraient désormais avoir confiance en Jésus. Mimi Haddad écrit: «Face aux faux enseignements d'Éphèse, Paul suggère que les femmes seront sauvées en devenant mères. Est-ce que Paul voulait par-là insinuer que les femmes seraient désormais sauvées durant l'accouchement, non plus par leur vénération d'Artémis, mais bien en demeurant fidèles au Christ?» [13]

Craig Keener soulève un point critique: «La Bible a permis le ministère des femmes dans les circonstances normales et l'interdit dans les circonstances exceptionnelles... Le seul passage de la Bible qui interdit explicitement les femmes d'enseigner la Bible – en contraste avec les nombreux passages qui mentionnent les femmes qui communiquent le message de Dieu – est adressé à la seule Église que nous connaissions qui abritait les faux enseignants ciblant les femmes.» [14]

En résumé, sauf dans des cas isolés, l'enseignement des Écritures nous indique que les dons sont accordés par Dieu tant aux femmes qu'aux hommes et que tous deux sont invités à participer à tous les niveaux du ministère. Nous ne pouvons pas être les mains et les pieds de Dieu si la moitié est entravée!

En Tête

Je veux cependant que vous sachiez que Christ est le chef de tout homme, que l'homme est le chef de la femme, et que Dieu est le chef de Christ. (1 Corinthiens, 11: 3)

S La Bible ne mentionne-t-elle pas en toute clarté que l'homme est la tête du foyer?

J La Bible ne dit pas que l'homme est la tête du foyer. Elle mentionne cependant que l'homme est la tête de la femme et que Dieu est la tête du Christ. En contexte, «tête» signifierait «source de vie» entre les personnes et au sein de la Trinité.

«Tête» ou «kephale» est souvent entendu comme signifiant l'autorité, mais pourrait bien être traduit comme «source», comme l'amont ou la tête du fleuve.

Il y a deux raisons pour que le mot «tête» dans 1 Corinthiens 11: 3 signifie «source de vie», plutôt que «chef autoritaire». D'abord, les relations sont ordonnées par ordre chronologique d'origine. Gilbert Bilezikian l'indique en disant: «La séquence qui relie les trois clauses n'est pas la hiérarchie, mais bien la chronologie. Lors de la Création, le Christ fut le donneur de la vie aux hommes en la source de vie que fut Adam. A son tour, l'homme donna la vie à la femme qui fut tirée de lui. Ensuite, Dieu donna la vie à son Fils qui vint au monde dans l'Incarnation. Quand la séquence biblique de ces trois clauses est respectée, le sens consistent de «tête» dans ce verset serait celui d'une fonction de «prodiguer la vie». [15]

L'application directe de ce concept est formidable. Mimi Haddad le décrit à merveille: «Dans la Genèse, Dieu crée la femme du corps de l'homme. De même, le Christ est l'origine et la source de l'Église. Le Christ est mort pour donner la vie aux autres. Dans le même sens, les époux sont supposés aimer leurs épouses dans un esprit de sacrifice – tels qu'ils le feraient pour leur propre chair. C'est cela qui renforce le concept de l'unité, de l'intimité.» [16].

Deuxièmement, user de «tête» dans le sens de «chef autoritaire» impliquerait une subordination au sein de la Trinité. Ce serait un concept fort anti-orthodoxe et hérétique à travers l'Histoire de l'Église.

Observons de plus près ce verset avec «kephale» dans le sens de «chef autoritaire»:

- Le chef autoritaire de tout homme est le Christ (→ oui)
- Le chef autoritaire de toute femme est l'homme (→ peut-être)
- Le chef autoritaire de tout homme est le Christ (→ oui)
- Le chef autoritaire du Christ est Dieu (→ non – Jésus n'est jamais le subordonné éternel du Père)

Et à Kevin Giles d'expliquer: «Pratiquement tous les chrétiens conviennent que, dans l'Incarnation, le Fils s'est subordonné au Père. Il a assumé, d'une manière fonctionnelle, le rôle de servant. Par contre, les chrétiens ne croient pas que la subordination du Fils dans l'Incarnation serait définitive au sein de la relation Père-Fils dans la Trinité éternelle. Dans l'Épitre aux Philippiens (2: 5-11), Paul affirme l'égalité du Père et du Fils avant que ce dernier ne consente de plein gré à devenir homme et à mourir sur la croix, puis d'être exalté et de régner en Seigneur.» [17]

Le verset a certainement un sens plus raisonnable quand «kephale» est défini comme «source de vie»:

- La source de tout homme est le Christ (→ oui)
- La source de toute femme est l'homme (→ oui – dans la Création, la femme fut faite de l'homme)
- La source du Christ est Dieu (→ oui – Jésus fut envoyé de Dieu le Père dans l'Incarnation)

Passons en revue quelques versets qui décrivent Jésus à la tête de l'Église – à noter qu'aucun verset ne décrit son rôle en tant que chef ou autorité. «Tête» décrit Jésus comme la source première de vie, le Sauveur et le promoteur de croissance!

> Il a tout mis sous ses pieds, et il l'a donné pour chef suprême à l'Eglise, qui est son corps, la plénitude de celui *qui remplit tout en tous*. (Éphésiens 1: 22-23 – *italiques* d'appoint)

> Mais que, professant la vérité dans la charité, nous *croissions à tous égards en celui* qui est le chef, Christ. C'est de lui, et grâce à tous les liens de son assistance, que tout le corps, bien coordonné et formant un solide assemblage, *tire son accroissement* selon la force qui convient à chacune de ses parties, et *s'édifie lui-même* dans la charité. (Éphésiens, 4: 15-16 – *italiques* d'appoint)

> Sans s'attacher au chef, *dont* tout le corps, assisté et solidement assemblé par des jointures et des liens, tire *l'accroissement que Dieu donne*. (Colossiens, 2: 19 – *italiques* d'appoint)

Bilezekian explique: «Le Nouveau Testament comprend des tas de références aux chefs de toute discipline: chefs religieux, chefs de communauté, commandants militaires, chefs de gouvernement, chefs patriarcaux, chefs de l'Église. Aucun d'entre eux n'est désigné comme «tête» ou «tête de surcroît». L'explication évidente de cette singularité est celle que «tête» ne signifie pas «chef» ou «leader» dans le langage du Nouveau Testament. L'usage de «tête» dans le contexte des épitres 1 Corinthiens, Éphésiens et Colossiens nous amène à conclure que le concept *à la tête* dans le Nouveau Testament se réfère à la fonction du Christ en tant que source de vie et de croissance et à son rôle de promoteur et de nourricier.» [18]

Si vous n'êtes pas encore convaincu, je vous demanderai de lire la recherche de Berkeley et Alvera «Que signifie Kephale dans le Nouveau Testament?». En voici un passage: «Le lexique grec-anglais le plus complet qui existe (couvrant le grec d'Homère, classique et koine) est un double volume de plus de 2000 pages publié par Liddel, Scott, Jones et McKenzie en 1843. Parmi les exemples cités dans ledit lexique sont les sens communs de kephale. La liste ne comprend nullement les sens suivants: «autorité», «rang supérieur», «leader», «directeur» ou tout autre signification similaire.» [19]. Dans le même sens, les Mickelsens s'y donnent à cœur joie dans 14 pages, parlant du grec. Philip Barton Payne répond à leur article en disant: «Les Mickelsens sous-estiment leur usage du grec. Dans leur supplément de 1968, le lexique de Liddell et Scott comprend une liste de quarante-huit équivalents anglais des sens figuratifs de kephale. Aucun de ces équivalents ne fait allusion au sens de «leader, d'autorité, de préséance ou de suprême.» [20]

En résumé, plutôt que de nourrir l'intention de faire succomber l'homme aux tristes conséquences de la Chute dont celle de régner sur la femme, Dieu nourrit plutôt l'intention de rendre l'homme une source de vie et d'encouragement pour la femme! Exactement comme Jésus l'est pour nous tous!

Merrill–Groothius le mentionne en plus de détails: «Ironiquement, se méprendre et expliquer la tête de la femme pour signifier le 'leader' de la femme va à l'encontre de l'intention biblique de Celui qui serait le pourvoyeur de la vie, de la santé et de la croissance de l'épouse. Une personne ne pourrait jamais croître et atteindre une maturité spirituelle, émotionnelle et intellectuelle si elle était privée de la chance de prendre la responsabilité de sa vie entre ses propres mains. Encore moins si elle était traitée comme une enfant qui a besoin que quelqu'un d'autre prenne des décisions la concernant ... Les mariages hiérarchiques bloquent de même la croissance de la personnalité et de la sanctification de l'époux [lequel se voit manquer] l'instruction et l'amour de deux partenaires conjoints au service du Royaume du Christ.» [21]

Soumission

Vous soumettant les uns aux autres dans la crainte de Christ. Femmes, soyez soumises à vos maris, comme au Seigneur; car le mari est le chef de la femme, comme Christ est le chef de l'Eglise, qui est son corps, et dont il est le Sauveur. Or, de même que l'Eglise est soumise à Christ, les femmes aussi doivent l'être à leurs maris en toutes choses. Maris, aimez vos femmes, comme Christ a aimé l'Eglise, et s'est livré lui-même pour elle. (Éphésiens, 5: 21-25 - *italiques* ; d'appoint)

S La Bible requiert que la femme soit soumise à son mari. Ne serait-ce pas quelque chose de désirable si le soutien fourni était intelligent et volontaire?

J Au premier siècle, la soumission des femmes et l'obéissance des esclaves étaient des devoirs entendus. Toutefois, Paul ordonne aux foyers chrétiens d'agir différemment: soumettez-vous l'un à l'autre!

Serviteurs, obéissez à vos maîtres selon la chair, avec crainte et tremblement, dans la simplicité de votre cœur, comme à Christ (Éphésiens, 6: 5). Et vous, maîtres, agissez de même à leur égard, et abstenez-vous de menaces, sachant que leur maître et le vôtre est dans les cieux, et que devant lui il n'y a point d'acception de personnes. (Éphésiens, 6: 9). Le verset principal est celui de se soumettre l'un à l'autre, enseignant comment on peut ainsi démontrer la présence de l'Esprit-Saint (Éphésiens, 5: 18) dans nos foyers. Paul emploie la soumission des femmes à leurs maris dans cette culture comme exemple pour démontrer comment on devrait se soumettre l'un à l'autre. L'obéissance des femmes et des esclaves était requise par les lois juives et romaines et était la norme acceptable dans ces cultures. Pourtant, dans la première Église, la priorité était de répandre l'Évangile et non d'aller contre les lois en vigueur. Paul explique comment agir dans les limites d'une société patriarcale avec de bonnes vertus chrétiennes – soumission (et non obéissance) et amour (et non règne).

J. Lee Grady en fait le sommaire: «La soumission, non dans le sens de domination ou de règne sur l'autre, mais dans le sens de se préférer l'un l'autre et de ne pas demander ses droits personnels, devrait être la rigueur dans le Corps du Christ pour révéler le véritable amour du Christ au monde entier.» [22]

Conclusion

Femmes et hommes ont trop souvent dévié de la voie de relations saines et de ministères efficaces à cause d'interprétations butées de certains versets des Écritures. Ce n'est certainement pas la première fois que cela se passe ainsi. Aux États-Unis, durant les années 1880s, les défenseurs de l'esclavage se sont basés dans leur lutte sur leurs interprétations de la Bible. Ils ont mentionné que Jésus se référait aux esclaves dans ses paraboles, que l'Épitre aux Galates utilisait des illustrations de l'esclavage et que l'Épitre aux Éphésiens – 6 – ordonnait aux esclaves d'obéir à leurs maîtres. Stan Gundry déclare: «Un jour, les chrétiens seront dans l'embarras à cause de la défense biblique de l'Église de la hiérarchisation patriarcale tout comme elle l'est maintenant de la défense biblique de l'esclavage.» [23]

Les Écritures doivent être interprétées suivant le contexte, la période et le thème global. Prenons les situations suivantes et voyons si elles sont conformes au message global de la Bible:

- Une femme inspirée qui assiste à un séminaire local est requise de faire un témoignage bref à la congrégation, mais dans un coin du sanctuaire où elle ne devrait rien mentionner qui puisse être interprété comme enseignement.
- Un enfant est privé de traitement médical que sa mère a longuement cherché et s'est vue recommander, tout simplement parce que le père de l'enfant s'y oppose.
- Une femme qui a accompli des exploits dans son ministère croissant est renvoyée de son travail par des nouveaux membres masculins du Conseil d'Administration qui sont convaincus que les femmes ne doivent pas être en position de leadership

- Une femme est verbalement et physiquement maltraitée par son mari qui est un diacre. Le pasteur de la femme lui conseille de ne pas l'irriter, de se soumettre et de prier.
- Une collégienne est conseillée d'abandonner une carrière prometteuse pour suivre le plan parfait de Dieu qui lui indique de se marier un jour. On lui dit qu'elle sera incapable de bien servir son mari alors qu'elle sera occupée hors du foyer par son travail.

Bien entendu, il y aura des opinions diverses sur un sujet d'une telle nature. Toutefois, s'il est inévitable de commettre des erreurs, essayons au moins de ne pas en commettre celles qui seraient d'une nature à limiter l'œuvre de Dieu. Encourageons le Corps du Christ à faire bon usage de ses dons pour le bien du monde entier. Les besoins du monde sont pressants et énormes et Dieu seul sait que ... *nous avons besoin de tout le monde!*

Au Sujet de «CBE International»

CBE International est une organisation à but non-lucratif composée d'hommes et de femmes qui sont fermement convaincus que la Bible enseigne l'égalité fondamentale entre hommes et femmes de tout groupe ethnique, de toutes les classes économiques et de tout âge, pour peu qu'elle soit interprétée correctement et suivant les enseignements des Écritures tel que l'Épitre aux Galates 3 : 28 :

> Il n'y a plus ni Juif ni Grec, il n'y a plus ni esclave ni libre, il n'y a plus ni homme ni femme; car tous vous êtes un en Jésus-Christ.

Déclaration de Mission

La CBE a été fondée pour promouvoir la justice et la communauté bibliques en instruisant les chrétiens que la Bible appelle hommes et femmes à partager l'autorité d'une manière égale soit en service ou en leadership dans le foyer, au sein de l'Église et dans le monde entier.

Valeurs Pricipales

- Les Écritures sont notre guide d'autorité en matière de foi, de vie et de pratique.
- La patriarchie (dominance du mâle) n'est pas un idéal biblique, mais bien la conséquence du péché.
- La patriarchie est un abus de pouvoir, qui subtilise des femmes ce que Dieu leur a accordé gratuitement: leur dignité, leur liberté, leur leadership et, souvent, leur vie.
- La Bible reflète une culture patriarcale, mais n'enseigne aucune patriarchie au sein des relations humaines.

- L'œuvre rédemptrice du Christ est destinée à libérer tout le monde de la patriarchie et appelle hommes et femmes à partager l'autorité d'une manière égale en service et dans le leadership.

- Dieu conçoit une relation entre homme et femme basée sur un mariage fidèle, un célibat solitaire et une soumission mutuelle au sein de la communauté chrétienne.

- L'usage sans contrainte des dons accordés à la femme est une œuvre intégrale du Saint-Esprit et est essentiel pour le progrès de l'Évangile dans le monde.

- Les disciples du Christ doivent lutter contre l'injustice, les enseignements patriarcaux et les pratiques qui ont pour but de marginaliser et d'abuser des femmes et des hommes.

L'avenir tel Qu'on L'envisage

CBE envisage un avenir dans lequel tous les croyants seraient libres de mettre en pratique les dons que Dieu leur a accordés avec le plein soutien des communautés chrétiennes pour la gloire de Dieu et la réalisation de Ses intentions.

Notes finales

(1) Linda Belleville, *Two Views on Women in Ministry* (Zondervan Publishing House, 2001; Grand Rapids, MI; James Beek and Craig Blomberg, eds). 142.

(2) Ibid., 148.

(3) Rebecca Merrill Groothius, *Good News for Women* (Baker House, 1997; Grand Rapids, MI) 43.

(4) Gilbert Bilezikian, *Beyond Sex Roles* (Baker Academic, 2006; Grand Rapids, MI) 99-100.

(5) John Phelan, *All God's People* (Covenant Publications, 2005: Chicago, IL) 51.

(6) Mimi Haddad, "What Language Shall We Use?" (*Priscilla Papers*, Volume 17, Issue 1, Christians for Biblical Equality; Minneapolis, MN).

(7) Richard and Catherine Kroeger, "Why Were There No Women Apostles?" (*Equity*, 1982). 10-12.

(8) David Claydon, "The Context for the Production of the Lausanne Occasional Papers," (*Empowering Women and Men to Use their Gifts Together in Advancing the Gospel, Lausanne Occasional Paper No. 53*; Christians for Biblical Equality, 2005; Minneapolis, MN; Alvera Mickelsen, ed.). iv.

(9) Bilezikian, *Beyond Sex Roles*, 140.

(10) Craig Keener, *Two Views on Women in Ministry* (Zondervan Publishing House, 2001; Grand Rapids, MI; James Beck and Craig Blomberg, eds.). 166, 169, 171.

(11) Groothuis, *Good News for Women*, 215.

(12) Ibid., 222.

(13) Mimi Haddad, "Paul and Women", (*Empowering Women and Men to Use their Gifts Together in Advancing the Gospel, Lausanne Occasional Paper No. 53*; Christians for Biblical Equality, 2005; Minneapolis, MN; Alvera Mickelsen, ed.). 34.

(14) Keener, *Two Views on Women in Ministry*, 29.

(15) Gilbert Bilezikian, "I Believe in Male Headship"(Christians for Biblical Equality, Free Articles, cbeinternational.org; Minneapolis, MN).

(16) Haddad, "Paul and Women", 35.

(17) Kevin Giles, "The Subordination of Christ and the Subordination of Women", (*Discovering Biblical Equality*; InterVarsity Press, 2004; Downers Grove, IL; Ronald Pierce and Rebecca Merrill Groothuis, eds.). 337.

(18) Bilezikian, *Beyond Sex Roles*, 122.

(19) Berkeley and Alvera Mickelsen, "What Does Kephale Mean in the New Testament?" (*Women, Authority & the Bible;* InterVarsity Press, 1986; Downers Grove, IL; Alvera Mickelsen, ed.). 97-98.

(20) Phillip Barton Payne, "Response", (*Women, Authority & the Bible;* InterVarsity Press, 1986; Downers Grove, IL; Alvera Mickelsen, ed.). 118.

(21) Groothuis, *Good News for Women,* 157-158.

(22) J. Lee Grady, *Ten Lies the Church Tells Women*, (Charisma House, 2000; Lake Mary, FL). 177.

(23) Stan Gundry, "From *Bobbed Hair, Bossy Wives, and Women Preachers* to *Woman Be Free*: My Story" (*Priscilla Papers,* Volume 19, Issue 2, Christians for Biblical Equality; Minneapolis, MN).

(24) *The Holy Bible, Today's New International Version*, (Zondervan, 2006; Grand Rapids, MI). xi.

www.ingramcontent.com/pod-product-compliance
Lightning Source LLC
Chambersburg PA
CBHW050959030426
42339CB00007B/403

9 7 8 1 9 3 9 9 7 1 3 5 7